AF577506

Die Bibel erklärt

—

Epheser – Arbeitsheft

Richard Coekin

INHALT

EINLEITUNG

Jeder Bibelkreis ist anders. Es kann sein, dass eurer in der Gemeinde oder bei jemandem zu Hause stattfindet. Womöglich trefft ihr euch aber auch in einem Café oder unterwegs im Zug – gemütlich bei einer Tasse Kaffee am Vormittag oder hektisch während einer kurzen Mittagspause. Die Teilnehmer mögen frischgebackene oder auch gestandene Christen sein – oder Nichtchristen. Vielleicht sind Studenten, Geschäftsleute, Teenager oder junge Mütter dabei, die ihre Kinder mitgebracht haben. Wir haben dieses Arbeitsheft entsprechend flexibel gestaltet, sodass ihr es in verschiedenen Kontexten einsetzen könnt.

Das Ziel jeder Einheit ist es, zu ermitteln, was im entsprechenden Bibelabschnitt steht und wie dies mit dem »großen Ganzen« der Bibel zusammenhängt. Doch es geht noch weiter: Wir müssen das, was wir entdeckt haben, auch auf unser Leben anwenden. Darum besteht jedes Kapitel aus den folgenden Schritten:

↳ **Einstieg:** Meistens muss zu Beginn des Treffens erst einmal »das Eis gebrochen« werden. Hier findet ihr die Frage, die genau das leistet. Sie ist so formuliert, dass sie zum Reden über das Thema anregt, das bei diesem Treffen behandelt wird.

↓ **Was steht da?** Der Bibeltext wird in überschaubare Abschnitte gegliedert. Dazu gibt es Fragen, die dabei helfen, die Aussage des Textes zu verstehen. Die **Arbeitshilfe für Gruppenleiter** enthält **Hinweise zu den Fragen** sowie manchmal ⟳ zusätzliche Fragen.

↓ ↓ **Tiefer schürfen (optional):** Diese Fragen helfen euch, das Gelernte mit anderen Stellen der Bibel zu verbinden, sodass sich die einzelnen Puzzleteile zu einem Gesamtbild zusammenfügen. Manchmal behandeln diese Fragen auch einen Aspekt des Bibeltextes, der im Hauptteil der Einheit nur gestreift wurde.

→ **Ab in die Praxis:** Diese Fragen sollen deiner Gruppe beim Nachdenken darüber helfen, was der Bibeltext für die Lebenspraxis jedes Einzelnen sowie für eure Gemeinde bedeutet.

Ganz persönlich: Diese Abschnitte sind Hilfen zum Nachdenken, Planen und Beten bezüglich der Veränderungen, die aufgrund dessen, was ihr im Bibeltext gelernt habt, womöglich in eurem Leben nötig sind.

↑ **Zum Beten:** Dieses Arbeitsheft möchte Mut zu einem Beten machen, das in Gottes Wort wurzelt und auf seine Wünsche, Ziele und Verheißungen ausgerichtet ist. Daher endet jeder Abschnitt mit der Gelegenheit, die Erkenntnisse und Anfragen, die sich während des Bibelstudiums ergeben haben, noch einmal gemeinsam zu reflektieren und Bitt- und Dankgebete daraus zu machen.

Die **Arbeitshilfe für Gruppenleiter** bietet historische Hintergrundinformationen, Erläuterungen der zu behandelnden Bibeltexte, Ideen für Extra-Aktivitäten und Hilfen, wie man eine Gruppe am besten dabei unterstützen kann, die Wahrheiten des Wortes Gottes zu entdecken.

WARUM DEN EPHESERBRIEF STUDIEREN?

Was ist Gottes Plan für diese Welt? Und wo ist dein Platz in diesem Plan, wo der Platz deiner Gemeinde?

Der Epheserbrief ist ein faszinierendes Schreiben des Apostels Paulus an einige Gemeinden, die in einem kosmopolitischen, kommerzialisierten und multireligiösen Umfeld lebten. Paulus' Botschaft an sie lautet:

> *Gottes ewiger, kosmischer Plan, alles unter Christus zu vereinen, wurde durch Christi Tod und Auferstehung erfüllt, als er über die satanischen Mächte triumphierte – deshalb ist jede Ortsgemeinde eine kleine Vorschau auf unsere herrliche Zukunft: Wir werden unter seiner Herrschaft vereint sein.*

Paulus ermutigt diese Gemeinden mit dem Zuspruch, dass sie so etwas wie die »Trophäensammlung« der siegreichen Gnade Gottes sind. Er versichert ihnen, dass Jesus der Herrscher über jede Macht der Welt ist. Er fordert sie auf, in dieser Welt anders zu leben und den Machenschaften des Teufels zu widerstehen, indem sie standhaft am Evangelium festhalten.

Wir tauchen nun also in diesen Brief ein, der an Christen im Gebiet der heutigen West-Türkei geschrieben wurde. Dabei werden wir wertvolle geistliche Schätze für unser Leben entdecken. Diese acht Einheiten werden ...

... uns die Souveränität Gottes noch kostbarer machen,

... uns die Gnade feiern lassen, die Gott an uns erwiesen hat,

... uns die Ausmaße der überwältigenden Liebe Jesu klar vor Augen führen,
... uns für den Platz unserer eigenen Gemeinde in Gottes Plan begeistern,
... uns zeigen, wie wir mit unserer Zeit und unseren Gaben dazu beitragen können, sowie
... uns erklären, wie wir in unseren alltäglichen Situationen und Beziehungen Gott erfreuen und die Leute um uns herum auf Christus hinweisen können.

Der Epheserbrief wird euch Gottes Plan für die Welt zeigen. Er wird euch euren Platz in diesem Plan zeigen. Und je mehr er das tut, desto mehr wird das die geistliche Gesundheit eurer Gemeinde und aller Dienste, die in ihr getan werden, stärken – einschließlich deiner eigenen.

DIE ZEITLEISTE DER BIBEL

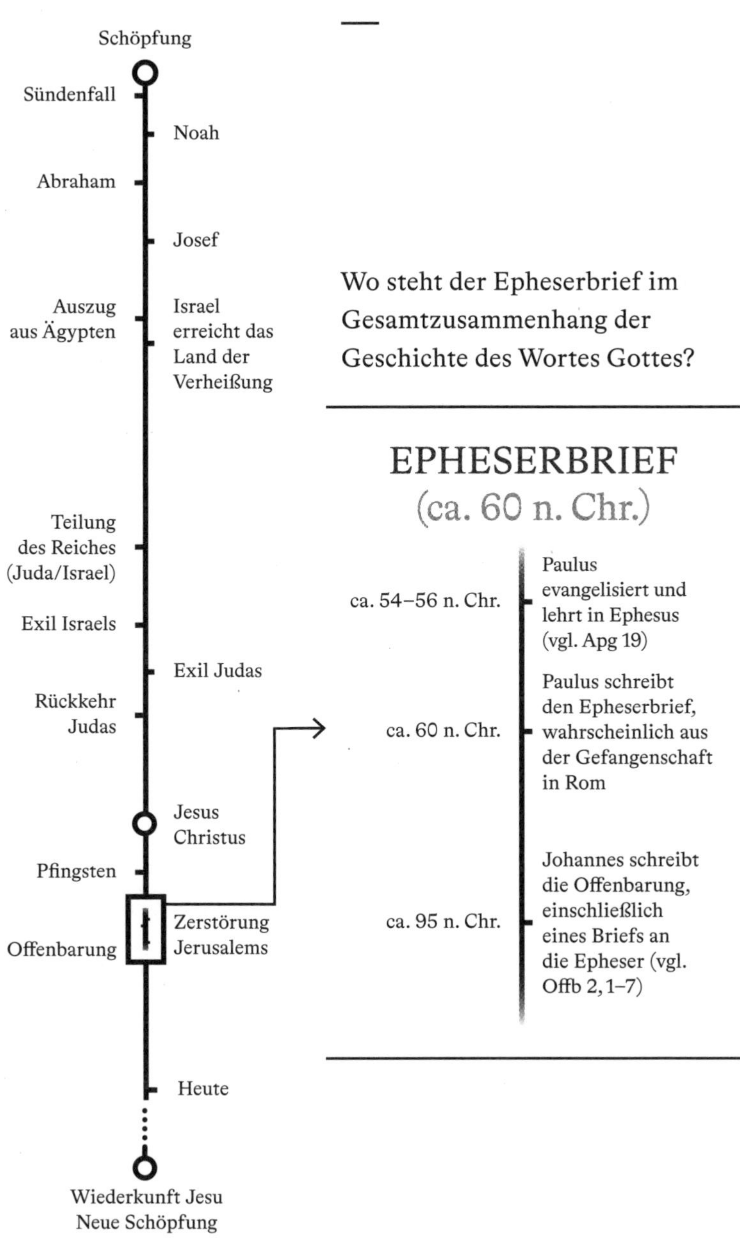

EPHESER 1, 1–14

1. ALLER SEGEN IN CHRISTUS

↳ ***Einstieg***

1. Was findest du besonders gut daran, Christ zu sein? Nenne drei Punkte.

↓ ***Was steht da?***

○ Lest Epheser 1, 1–2.

2. Wer schrieb den Brief und wer ist der Empfänger? Was wird über Autor und Empfänger ausgesagt?

Worterklärungen

Apostel (V. 1):
ein Mann, der den auferstandenen Jesus gesehen hatte und von ihm auserwählt wurde, sein Wort zu lehren.
Gnade (V. 2):
unverdiente Freundlichkeit und Gunst.

○ Lest Epheser 1,3–6.

3. Was hat Gott der Vater für jeden Christen getan (V. 3)?

Worterklärungen

Himmel (**V. 3**):
die geistliche und ewige Dimension, in der Gott und alle geistlichen Mächte wohnen.
Heilig (**V. 4**):
abgesondert, ohne Sünde.
Vorherbestimmen (**V. 5**):
jemandes Zukunft im Voraus festlegen.
Kinder (**V. 5**):
somit auch Erben.
Der Geliebte (**V. 6**):
Jesus Christus.

Warum ist das Wort *»allem«* in diesem Vers so erstaunlich?

Wo finden wir solchen Segen? (Tipp: Achte auf den sich wiederholenden Ausdruck in den Versen 3.4.6.)

Wenn ein Freund von uns einen flotten Sportwagen besitzt, können wir den Wagen zwar auch aus der Entfernung bewundern. Genießen werden wir ihn aber erst so richtig, wenn wir darin gemeinsam mit dem Freund die Autobahn entlangjagen. So teilt auch Christus seine Privilegien mit seinem Volk – den Menschen, die mit ihm vereint sind, weil sie auf ihn vertrauen – wie ein König mit seinen Untertanen oder wie ein Mann mit seiner Ehefrau. Ja, Paulus sagt sogar, dass wir, geistlich gesehen, jetzt *»in ihm«* leben, als sei er unsere Luft zum Atmen und unsere Kleidung, die wir tragen!

Im restlichen Abschnitt stellt Paulus (V. 4–14) die Top 3 der erstaunlichen Segnungen vor, die wir *»in Christus«* genießen. Je besser wir sie verstehen, desto mehr werden wir uns wie Paulus darüber freuen. Hier nun der erste Segen ...

---

4. Wozu hat Gott sein Volk auserwählt (V. 4)?
   Welche Bestimmung hat er ihm gegeben (V. 5)?

Im ersten Jahrhundert wurde in der griechisch-römischen Welt manchmal ein Sklave von einem wohlhabenden Mann adoptiert. Damit wurde er dessen rechtmäßiger Erbe – sein »Sohn« –, der den Familienbesitz miterbte.

---

5. Vor diesem Hintergrund: Was sagen uns die Verse 4–5 darüber, welch eine erstaunliche und privilegierte Position jeder Christ genießt?

Paulus spricht hier von Erwählung und Vorherbestimmung. Man betrachtet sie oft als schwierige Lehren, die nicht leicht zu verstehen und anzunehmen sind, und die noch viel weniger als »herausragender Segen« gesehen werden. Dieser Abschnitt hilft uns, mit drei natürlichen Einwänden gegen Gottes Erwählung umzugehen.

---

6. Findet heraus, wie uns die folgenden Verse bei den jeweiligen Einwänden helfen können:
   - V. 13: Gottes Erwählung untergräbt Evangelisation (»Gott wird seine Erwählten schon erretten, also müssen wir uns nicht allzu sehr damit abmühen, Leuten von Jesus zu erzählen«).
   - V. 4–5: Gottes Erwählung untergräbt die Demut (»Wir sind etwas Besseres – wir sind die Auserwählten«).
   - V. 4; vgl. Römer 12,1: Gottes Erwählung untergräbt jegliche Motivation zur Heiligung (»Wir müssen nicht danach streben, Gott zu gefallen, denn wir sind schon errettet, und das einzig aufgrund seiner Entscheidung; es spielt keine Rolle, was wir tun«).

→ ***Ab in die Praxis:***

7. Wie helfen uns die Verse 4–5, …

   … demütig zu sein?

   … Mut zu fassen für die Zukunft?

Ganz persönlich

Wenn wir im Himmel ankommen, wird Gott uns empfangen und vielleicht sagt er etwas wie: *Ich freue mich so, dich endlich in meinem Haus willkommen zu heißen – denn schon bevor ich die Welt erschuf, hatte ich beschlossen, dich für meinen Sohn zu retten. Ich sandte meinen Sohn, um für dich am Kreuz zu sterben. Ich habe die Weltgeschichte so geplant, dass du geboren wirst und ich dein Leben lenke. Ich brachte jemanden in dein Leben, der dir das Evangelium erklärt, und ich öffnete deine Augen dafür, Jesus als deinen Retter und Herrn zu erkennen. Ich habe dich getragen, als du schwach warst, und dich festgehalten, als du versuchtest, wegzulaufen. Und jetzt kann ich dich endlich in meinem Haus empfangen. Es ist so schön, dich zu sehen – ich liebe dich schon so lange!*

Was empfindest du bei diesen Worten? Was für einen Unterschied macht für dich die Aussicht auf eine solche Begrüßung von Gott?

↓ *Was steht da?*

Als ersten großen Segen hat Paulus uns gezeigt, dass wir *vom Vater zur Kindschaft erwählt* wurden. Nun der zweite …

○ Lest Epheser 1,7–10.

8. Was haben wir Vers 7 zufolge in Christus?

> ***Worterklärungen***
>
> **Erlösung** (V. 7): aus der Sklaverei durch Zahlung eines Lösegelds freigekauft.

Wie haben wir das bekommen?

↓↓ ***Tiefer schürfen***

○ Lest 2. Mose 12,1–13.28–32 und 1. Korinther 5,7.
Wie helfen uns diese Verse, zu verstehen, auf welche Weise Christi Blut uns befreit hat?

Doch wir sind nicht nur *von* etwas erlöst (Sündenschuld und Angst vor Strafe), sondern auch *für* etwas Wunderbares.

---

9. In den Versen 9–10 heißt es, dass Gott das Geheimnis seines Willens und Ratschlusses für die Ewigkeit (die *»Fülle der Zeiten«*) geoffenbart hat. Was ist sein großer Plan (V. 10)?

Warum ist das ein Grund zur Freude für diejenigen, denen durch Christi erlösenden Opfertod (V. 7) vergeben ist? Und warum ein Grund zur Angst für jeden, dem nicht vergeben ist?

Wir können also den zweiten erstaunlichen Segen zusammenfassen: *Wir sind vom Sohn zur Einheit unter ihm erlöst.* Und jetzt feiert Paulus den dritten großen Segen …

○ Lest Epheser 1,11–14.

10. Wie wird der Heilige Geist in den Versen 13–14 beschrieben, und was bedeuten diese Begriffe?

Worterklärungen

Versiegelt (V. 13):
als Eigentum gekennzeichnet.
Unterpfand (V. 14):
eine Anzahlung, die garantiert, dass der Rest auch gezahlt wird.

11. Inwiefern vermitteln diese Verse Christen ...
... Zuversicht, dass sie die ewige Herrlichkeit bei Gott erlangen?

... Freude auf die ewige Herrlichkeit bei Gott?

Das ist also der dritte wunderbare Segen, den wir *»in Christus«* genießen: *Wir sind mit Gottes Geist für unser Erbe versiegelt.*

→ ***Ab in die Praxis:***

12. Welche sich wiederholende Formulierung in den Versen 3–14 zeigt uns, wie wir auf diese erstaunlichen geistlichen Segnungen reagieren sollen (V. 3. 6. 12. 14)?

Welche andere, sich wiederholende Formulierung erinnert uns daran, wie wunderbar Gott ist (V. 1. 5. 9. 11)?

13. Tauscht euch darüber aus, welcher Segen aus diesem Abschnitt euch persönlich besonders begeistert und warum.

Ganz persönlich:

Ob du gerade auf einer Freuden- und Erfolgswelle reitest oder in den Abgründen von Schmerz und Versagen versinkst – als Christ kannst du immer singen: *»Gelobt sei Gott, der Vater unseres Herrn Jesus Christus, der uns gesegnet hat mit allem geistlichen Segen im Himmel durch Christus«*!

In welchen Situationen in der kommenden Woche könnte es nötig sein, dass du dir das in Erinnerung rufst? Und wie kannst du dafür sorgen, dass du dann tatsächlich daran denkst?

↑ ***Zum Beten:***

Nehmt eure Antworten auf Frage 13 zum Anlass, *»den Gott und Vater unseres Herrn Jesus Christus«* (SLT) zu preisen.

EPHESER 1,15–23

2. GRÖSSER BETEN

Was wir bisher gesehen haben ...
Christen wurden (1) von Gott dem Vater auserwählt, seine Kinder zu werden, (2) erlöst, um unter Gott dem Sohn in Einheit zu leben, und (3) als Erben von Gott dem Geist versiegelt.

↳ ***Einstieg***

1. Wofür betest du, wenn du für christliche Freunde oder Familienmitglieder betest?

↓ ***Was steht da?***

○ Lest Epheser 1,15–23.

2. Was tut Paulus hier und warum tut er es (V. 15–16)?

Worterklärungen

Offenbarung (V. 17): Einsicht.
Heilige (V. 18): Christen.
Gewalt (V. 21): Macht.

Paulus spricht davon, dass er *»nicht aufhört«*, dies zu tun. Was sagt uns das über Paulus?

3. Paulus bittet in den Versen 17–19 um drei Dinge. Fasst sie mit eigenen Worten in jeweils einem Satz zusammen:
   - V. 17
   - V. 18
   - V. 19

4. Wer muss in uns wirken, wenn wir Gott *»erkennen«* sollen (V. 17)?

Bezieht die Verse 3–14 in eure Überlegungen mit ein: Warum möchten wir, dass andere Christen Gott mehr »erkennen«?

Das Wort »Herz« beschreibt in der Bibel nicht das Organ, das Blut durch unseren Körper pumpt, sondern das Zentrum unseres körperlichen und geistlichen Seins. Dort fließen unser intellektuelles Verständnis und unsere Empfindungen zusammen.

5. Mit dieser Erklärung im Hinterkopf:
Worum bittet Paulus in Vers 18?

↓ ↓ ***Tiefer schürfen***

○ Lest Epheser 3,1–6 und 6,19–20.
Wo befindet sich Paulus?
Was könnte laut 3,1 der Grund dafür sein?

Wie würden weltliche *»Augen«* ihn sehen?

Wie sieht Paulus sich selbst? Woran zeigt sich, dass seine *»Augen des Herzens«* erleuchtet sind?

6. Am Ende von Vers 18 würden wir vielleicht erwarten, dass Paulus sagt: »... was der Reichtum der Herrlichkeit seines Erbes im Himmel ist«. Was schreibt Paulus wirklich, und warum überrascht uns das?

Woran hat Gott dann wohl Freude?

→ ***Ab in die Praxis:***

In Vers 18 lehrt uns Paulus (der damals im Gefängnis saß – siehe 3,1 und 6,19–20), nicht dafür zu beten, dass sich unsere Umstände ändern, sondern dass sich die Sicht unseres Herzens auf die Umstände ändert.

7. Warum fällt uns das schwer?
   Warum wäre es herrlich, das Leben so sehen zu können?

↓ ***Was steht da?***

8. Was sollen die Herzen der Christen
   in Ephesus noch *»erkennen«* (V. 19)?

9. Wie kann uns Vers 20 helfen, uns über die Kraft zu freuen,
   die in und für uns wirkt?

10. Nichts und niemand kann etwas an der Tatsache ändern, dass wir Erben sind. Wie untermauert Paulus das in den Versen 21–23?

→ Ab in die Praxis:

11. Wie unterscheiden sich unsere Gebete für christliche Freunde von Paulus' Gebeten für seine christlichen Freunde? Was sollte sich da in uns verändern?

12. Jeder für sich: Schreib drei Bittgebete für Mitchristen auf, die sich an Paulus' drei Gebeten in den Versen 17–19 orientieren. Lest sie anschließend in der Gruppe vor.

Ganz persönlich:

Bete nicht nur dafür, dass deine christlichen Freunde irdischen Frieden, Wohlstand, Gesundheit und Glück haben. Bitte für sie um die riesigen geistlichen Privilegien, (1) Gott mehr zu erkennen, (2) die Hoffnung zu kennen, zu der wir berufen sind, und (3) die Kraft zu erkennen, mit der er wirkt, um uns sicher zu sich nach Hause zu bringen.

Wirst du *»nicht aufhören«*, deinen Vater um diese Dinge für die anderen Teilnehmer zu bitten? Muss sich irgendetwas an deiner Sicht auf das Gebet oder in deinem alltäglichen Rhythmus ändern, damit du das schaffen kannst?

↑ Zum Beten:

Nachdem ihr euch eure Antworten auf Frage 12 vorgestellt habt, danke Gott für den Glauben der anderen an den Herrn Jesus sowie für ihre Liebe zu Gottes Volk (V. 15). Betet dann miteinander für eure sonstigen Anliegen.

EPHESER 2

—

3. NEUES LEBEN, NEUES VOLK

Was wir bisher gesehen haben ...
Christen wurden (1) von Gott dem Vater auserwählt, seine Kinder zu werden, (2) erlöst, um unter Gott dem Sohn in Einheit zu leben, und (3) als Erben von Gott dem Geist versiegelt.
Wir können und sollten füreinander beten, dass wir Gott tiefer erkennen, dass uns unsere Hoffnung noch kostbarer wird und dass wir in Gottes Kraft ruhen, durch die wir ewige Sicherheit haben.

↳ *Einstieg*

1. Wie würdest du »Gnade« definieren?
   Macht Gottes Gnade einen Unterschied in deinem täglichen Leben? Wenn ja, welchen?

↓ *Was steht da?*

○ Lest Epheser 2,1–10.

2. Welchen drei »Tyrannen« waren wir von Natur aus untertan (V. 2–3)?

Worterklärungen

Übertretung (V. 1): absichtlicher Verstoß.
Der Mächtige, der in der Luft herrscht (V. 2): Satan.
Fleisch (V. 3): unser natürliches Ich, das instinktiv sündigen will.
Zorn (V. 3): Gottes gerechter, konsequenter und reiner Ärger über Sünde.
Werke (V. 8): das, was wir tun.

Was hatte das zur Folge (V. 1. 3b)?

3. Wie schlimm ist der natürliche Zustand des Menschen laut diesen Versen?

4. *»Aber Gott«* (V. 4). Vers 3 ist nicht das Ende vom Lied, weil Gott etwas gegen unsere Not unternommen hat. Was hat er getan (V. 4–6)?

   Warum (V. 7)?

5. Mit welchen Wörtern wird Gottes Charakter beschrieben (V. 4–7)? Was bedeuten diese Wörter jeweils?

6. Wie werden Menschen *nicht* gerettet? Wie werden sie stattdessen gerettet (V. 8–9)?

Was ist also die falsche Reaktion auf die eigene Errettung (V. 9)? Und was die richtige (V. 10)?

↓↓ ***Tiefer schürfen***

○ Lest Hesekiel 37,1–14.

Inwiefern ist Hesekiels Vision eine dramatische Illustration von Paulus' Aussagen in Epheser 2,1–10?

Wie wird dort die prekäre Situation des Menschen, aber auch die erstaunliche Macht Gottes deutlich?

→ ***Ab in die Praxis:***

7. Was macht es mit deiner Sicht auf Gott und was mit deiner Sicht auf dich selbst, wenn du nicht im Blick hast, was in diesen Versen ausgesagt wird?
   - V. 1–3:
   - V. 4–10:

Ganz persönlich:

Mal ehrlich, wie sehr begeistert dich die Gnade wirklich? Welchen Unterschied macht das Wissen um Gottes Gnade, wenn du an folgende Dinge denkst?

- Gott
- deine Fehler
- deine Gebete
- deine Erfolge
- deine Enttäuschungen
- deine Zukunft

Was steht da?

○ Lest Epheser 2,11–22.

8. Wie beschreibt Vers 12 den schlimmen Zustand der Heiden?

Worterklärungen

Heiden/Unbeschnittene (V. 11): Nichtjuden.
Die Beschneidung/Israel (V. 11–12): Juden, das Volk Gottes im Alten Testament.
Bundesschlüsse der Verheißung (V. 12): Gottes Versprechen, Abraham und seine Familie zu segnen.
Das Gesetz (V. 15): Gottes Gesetz, das er durch Mose seinem Volk gab.
Versöhnen (V. 16): Frieden schaffen zwischen verschiedenen Parteien.
Eckstein (V. 20): der Stein, auf den der Rest des Gebäudes gebaut ist.

9. *»Jetzt aber«* (V. 13). Was hat sich verändert und wie (V. 13–18)?

Die Juden konnten Gott damals im Tempel in Jerusalem begegnen. Die Heiden waren ausgeschlossen.

10. Wo wohnt Gott jetzt (V. 21–22)?

Worauf ist dieser neue *»Tempel«* gebaut (V. 20)?

→ *Ab in die Praxis:*

11. Wie kann es zwischen Feinden bleibenden Frieden geben? Wie wird das in eurer Gemeinde zum Ausdruck gebracht?

12. Wie würdest du »Gnade« jetzt definieren (versuche, die Wahrheiten aus den Versen 11–22 und 1–10 in deiner Antwort zu berücksichtigen)? Welchen Unterschied wird das in deinem Leben und im Leben der Gemeinde machen?

Ganz persönlich:

Gibt es jemanden, mit dem du nicht in friedlicher Einheit lebst, obwohl Christus gestorben ist, um dich mit diesem Menschen zu versöhnen? Inwiefern fordert dich das Evangelium heraus, dich um Frieden und Freundschaft mit demjenigen zu bemühen? Wie befähigt es dich dazu?

↑ ***Zum Beten:***

Lest die Verse 1–3 und verwendet sie dann als Grundlage, um eure Sünden im Gebet zu bekennen.

Lest anschließend die Verse 4–9 und lobt Gott für seine wunderbare Gnade.

Lest schließlich Vers 10 und betet, dass Gott euch hilft, die guten Werke zu tun, die er für euch vorbereitet hat. Bekennt auch, wo es euch schwerfällt, so zu leben.

EPHESER 3

—

4. EIN GEOFFENBARTES GEHEIMNIS

Was wir bisher gesehen haben ...
Christen wurden (1) von Gott dem Vater auserwählt, seine Kinder zu werden, (2) erlöst, um unter Gott dem Sohn in Einheit zu leben, und (3) als Erben von Gott dem Geist versiegelt.
Wir können und sollten füreinander beten, dass wir Gott tiefer erkennen, dass uns unsere Hoffnung noch kostbarer wird und dass wir in Gottes Kraft ruhen, durch die wir ewige Sicherheit haben.
Gott hat geistlich tote Sünder wie uns für immer lebendig gemacht. Wir sind durch seine Gnade versöhnt, und seine Gnade versöhnt uns auch miteinander in seiner Gemeinde.

↳ ***Einstieg***

1. Gibt es eine geheimnisvolle Geschichte, die dir besonders gefällt (Roman, Film, »Legende«, etc.)? Welche?

Warum lieben wir wohl geheimnisvolle, mysteriöse Geschichten, und warum reizt es uns so sehr, das Geheimnis zu lüften?

↓ *Was steht da?*

In diesem Abschnitt erklärt Paulus, dass es ein rätselhaftes Geheimnis in Bezug auf Gottes Heilsplan gab, das Israel jahrhundertelang beschäftigte – ein Geheimnis, das jetzt auf erstaunliche und äußerst unerwartete Weise gelüftet wurde.

○ Lest Epheser 3,1–13.

2. Was genau war das Geheimnis, das Paulus kundgemacht worden war (V. 3–6)?

Worterklärungen

Gefangener Christi Jesu (V. 1): Paulus saß im Gefängnis, weil er Jesus verkündigt hatte.
Mannigfaltig (V. 10): vielfach und auf vielerlei Art.
Mächte und Gewalten im Himmel (V. 10): mächtige geistliche Wesen.

Woher kannte Paulus den Inhalt des Geheimnisses (V. 3. 5)?

↓ ↓ *Tiefer schürfen*

Wir sind »Miterben« – doch was erben wir?

○ Lest Offenbarung 22,1–5.

Was ist so wunderbar an unserem Erbe?

Wie hat wohl das Nachdenken über diese Erbschaft Paulus im Gefängnis (Eph 3,1) ermutigt? Und wie die Gemeinde von Ephesus inmitten eines heidnischen Umfelds?

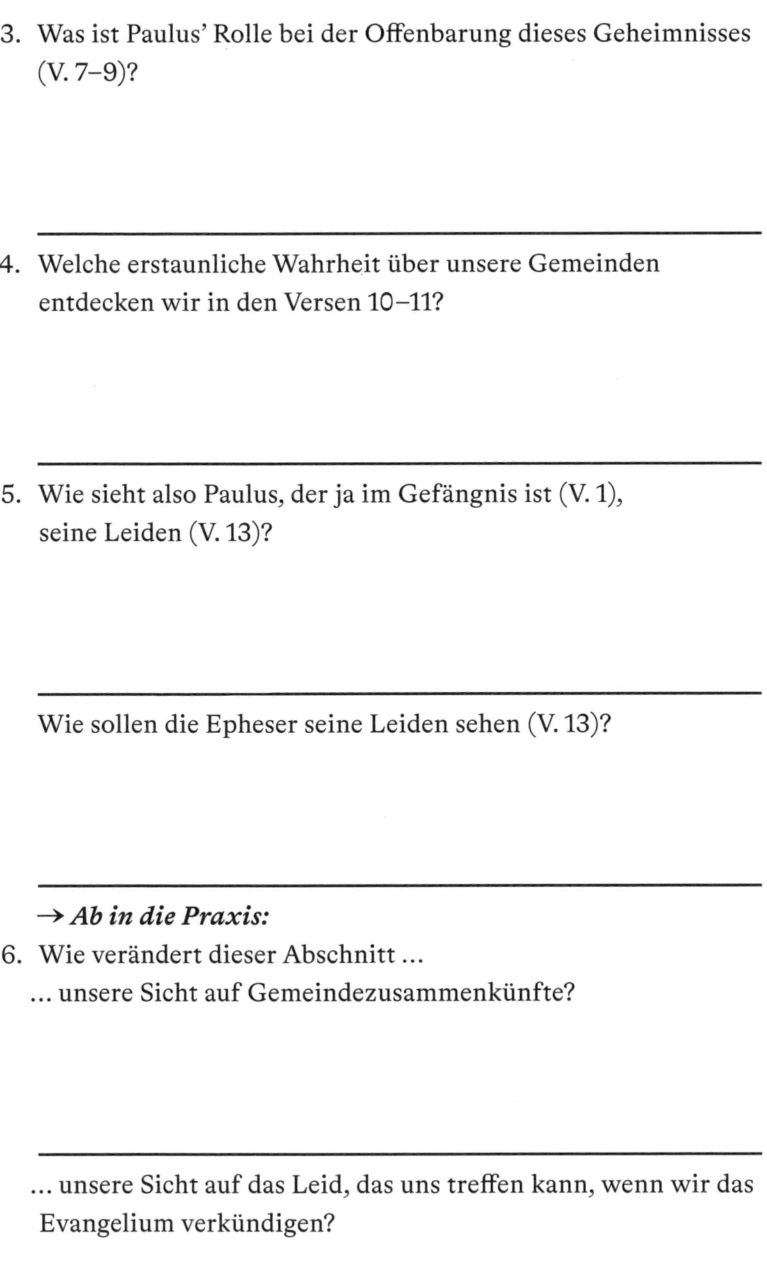

3. Was ist Paulus' Rolle bei der Offenbarung dieses Geheimnisses (V. 7–9)?

4. Welche erstaunliche Wahrheit über unsere Gemeinden entdecken wir in den Versen 10–11?

5. Wie sieht also Paulus, der ja im Gefängnis ist (V. 1), seine Leiden (V. 13)?

Wie sollen die Epheser seine Leiden sehen (V. 13)?

→ ***Ab in die Praxis:***

6. Wie verändert dieser Abschnitt ...
... unsere Sicht auf Gemeindezusammenkünfte?

... unsere Sicht auf das Leid, das uns treffen kann, wenn wir das Evangelium verkündigen?

Ganz persönlich:

Bist du entmutigt, weil du in irgendeiner Weise Leid durchmachst? Wie kannst du Paulus' Prioritäten zu deinen machen? Wie kann das deinen Umgang mit Leid verändern?

↓ *Was steht da?*

○ Lest Epheser 3,14–21.

In Vers 14 nimmt Paulus den Faden aus Vers 1 wieder auf. Er betet *»deshalb«* – d. h., im Lichte allen Segens in Christus, den wir in Kapitel 1 gesehen haben; im Lichte des großen Planes Gottes aus 1,10, der dann in 3,2–13 weiter ausgeführt wird; und im Lichte der großen Gnade Gottes, dass er uns – siehe Kapitel 2 – vom Tod zum Leben gebracht hat, aus Ausgeschlossenen Glieder seiner Gemeinde gemacht hat.

Worterklärungen

Gegründet (V. 17): fest, sicher.
Übertreffen (V. 19): größer sein als.
Die ganze Fülle (V. 19): das volle Maß.

7. Was erbittet Paulus vom Vater für die Christen in Ephesus (V. 16. 20 – beachte die Wiederholung)?

8. Was soll Gott durch die Kraft seines Geistes tun? Gib Paulus' Bitten mit eigenen Worten wieder.

- V. 16–17

- V. 18–19

9. Warum ist es realistisch, wenn ein Christ hofft, zu einer immer angemessenereren Wohnung für den vollkommenen Christus zu werden? Warum können wir realistischerweise darauf hoffen, die unbegreifbare Liebe Christi zu begreifen? (V. 20–21)

→ ***Ab in die Praxis:***

10. Wie helfen uns diese Verse, wenn …

… wir nicht wissen, wofür wir beten sollen?

… wir anfangen zu glauben, dass Gebet nichts bewirkt?

… wir uns als Gläubige unzulänglich finden?

… wir uns nicht geliebt oder falsch verstanden fühlen?

11. Vergiss nicht, wo Paulus sich befindet, als er dieses freudige, hoffnungsvolle, schwerwiegende Gebet betet.
Wie ermutigt uns das im Hinblick auf unser eigenes Leben und unser Gebetsleben? Wie fordert es uns heraus?

Ganz persönlich:

Ich fürchte, dass viele von uns noch nicht wirklich begriffen haben, wie sehr Jesus Christus uns liebt. Seine Liebe ist breit – sie empfängt jeden, der zu ihm kommt und Gnade braucht. Seine Liebe ist lang – er hat uns schon vor der Erschaffung der Welt geliebt und wird uns bis in alle Ewigkeit lieben. Seine Liebe ist hoch – sie versetzt uns mit ihm in die Herrlichkeit. Seine Liebe ist tief – sie brachte Jesus ans Kreuz, als er die Hölle der Strafe ertrug, die ihm der Vater für die Sünde der Welt auferlegte.
Bete jeden Tag für dich und einige andere Christen, dass eure Erkenntnis seiner Liebe immer tiefer wird. Wäre das nicht ein gutes Gebet – heute, morgen und bis ans Ende deines Lebens?

↑ ***Zum Beten:***

In den Versen 14–19 gibt uns Paulus jede Menge Stoff zum Beten! Macht davon jetzt Gebrauch, und lobt anschließend Gott anhand der Verse 20–21.

EPHESER 4, 1–16

—

5. WIE GEMEINDEN WACHSEN

Was wir bisher gesehen haben …
Wir können und sollten füreinander beten, dass wir Gott tiefer erkennen, dass uns unsere Hoffnung noch kostbarer wird und dass wir in Gottes Kraft ruhen, durch die wir ewige Sicherheit haben.
Gott hat geistlich tote Sünder wie uns für immer lebendig gemacht. Wir sind durch seine Gnade versöhnt, und seine Gnade versöhnt uns auch miteinander in seiner Gemeinde.
Jede Gemeinde ist eine Trophäensammlung, die für die geistliche Welt Gottes Gnade und Weisheit sichtbar macht – die Gnade und Weisheit, Menschen aus den verschiedensten Hintergründen in Christus zu versöhnen.

↳ ***Einstieg***

1. Wie denkt man gemeinhin, dass Gemeinden wachsen?
   Was denkst du?

Was meinen Leute, wenn sie von einer »wachsenden Gemeinde« reden?

↓ *Was steht da?*

In diesem Abschnitt legt Paulus die fundamentalen Prinzipien dar, wie Gottes Wille für Gemeindewachstum aussieht – sowohl zahlenmäßig als auch in der Heiligung, und zwar in jeder Generation und Kultur.

Diese Verse läuten die zweite Hälfte des Epheserbriefs ein. Die Kapitel 1–3 haben Gottes ewigen Plan gefeiert: nämlich alles im Himmel und auf Erden unter Christus zusammenzufassen (Kapitel 1), und zwar durch den Tod und die Auferstehung Christi, welche uns mit Gott und miteinander versöhnen (Kapitel 2), und der geistlichen Welt durch seine Gemeinde seine triumphierende Weisheit zu zeigen (Kapitel 3).

Jetzt, in den Kapiteln 4–6, erklärt Paulus, wie seine Leser leben sollen als eine Gemeinde, die Menschen unter Christus sammeln will. Er nennt in 4,1–16 drei grundlegende Zutaten für Gemeindewachstum: die Einheit bewahren, sich im Dienst einbringen und in der Reife zunehmen.

○ Lest Epheser 4,1–6.

2. Denkt zurück an die Botschaft aus den Kapiteln 1–3. Was ist die *»Berufung …, mit der ihr berufen seid«*?

Worterklärungen

Ertragen (V. 2): geduldig sein.
Leib (V. 4): die Gemeinde (siehe 1,23).

Vers 1 deutet an, worauf Paulus' Lehre im Rest des Briefes zielt. Was könnte das sein?

---

3. Worauf sollen Gemeindeglieder bedacht sein (V. 3)?

Welche drei Herzenseinstellungen nennt Paulus in Vers 2, die wir übernehmen sollen? Warum muss man auf sie aktiv *»bedacht«* sein?

Ganz persönlich:

Wenn wir Paulus' Worten hier gehorchen, werden wir letztendlich mehr wie Jesus werden. Wie kann das also aussehen?
Im Gespräch mit Geschwistern können wir uns demütig bemühen, nach ihren Hochs und Tiefs zu fragen, bevor wir von unseren eigenen erzählen. Vor Gemeindesitzungen können wir uns vornehmen, anderen sanftmütig das erste und das letzte Wort zu überlassen. In unseren Zusammenkünften können wir uns um die Geduld bemühen, uns zu freuen, wenn anderen Wohlwollen und Aufmerksamkeit entgegengebracht werden, anstatt uns selbst in den Mittelpunkt zu stellen.
Wenn du deine Einstellung und dein Verhalten gegenüber eurer Gemeinde betrachtest: Wo bist du ermutigt, weil es dir gelingt, demütig, sanftmütig und geduldig zu sein? Wie könntest du in diesen Bereichen noch wachsen?

---

4. Wie verdeutlichen die Verse 4–6 die besondere, vom Geist gewirkte Einheit, die wir innerhalb der Gemeinde haben?

→ ***Ab in die Praxis:***

5. Was sind in eurer Gemeinde die größten Hindernisse für diese Art von Einheit im Evangelium?

Wie kannst du als Gemeindeglied Einheit fördern?

↓ ***Was steht da?***

○ Lest Epheser 4,7–13.

6. Was ist jedem Gemeindeglied gegeben (V. 7)? Von wem?

Worterklärungen

Tiefen der Erde (V. 9): diese Welt.

Was bedeutet *»Gnade«* in Vers 7 wohl, wenn Paulus anschließend in den Versen 11–12 über Rollen und Fähigkeiten spricht?

Das Zitat aus Psalm 68 in Vers 8 handelt vom aufgefahrenen Christus, der sein Volk der Welt gibt. Das bedeutet: Jesus hat den Gemeinden nicht nur die Apostel und Propheten des ersten Jahrhunderts gegeben (V. 11 – siehe 2,20), sondern er hat in jeder Gemeinde auch manchen Leuten die Gaben gegeben, *»Evangelisten, … Hirten und Lehrer«* zu sein.

7. Was ist deren Aufgabe (V. 12)?
   Was geschieht, wenn sie das tun (V. 12b–13)?

8. Inwiefern widerlegt das die Vorstellung, dass ein bezahlter Vollzeit-Pastor aktiv im Gemeindedienst steht, während die restliche Gemeinde diese Dienste in Anspruch nimmt?

→ ***Ab in die Praxis:***
Wir sollen in der Gemeinde keine Konsumenten sein, sondern unseren Beitrag einbringen.

9. Warum ist es so einfach, eine Konsumenten-Haltung zu haben? Wo siehst du bei dir eine solche Einstellung in Bezug auf Gemeinde?

Durch welchen Dienst unterstützt du aktuell eure Gemeinde? Inwiefern ermutigen dich diese Verse in diesem Dienst?

↓ ***Was steht da?***

○ Lest Epheser 4,14–16.

10. Was wird in einer Gemeinde, in denen sich jedes Mitglied im Dienst einbringt, …

… nicht geschehen (V. 14)?

… geschehen (V. 15)?

11. Wie unterstreicht das Bild von Gemeinde, das Paulus in Vers 16 zeichnet, all das, was er in diesem Abschnitt gesagt hat?

↓↓ ***Tiefer schürfen***

○ Lest 1. Korinther 12,12–31.

Welche Gedanken aus Epheser 4 entwickelt Paulus hier weiter?

Die Gemeinde ist ein Leib mit vielen Gliedern. Wie hilft dir dieser Gedanke, dich selbst als Gemeindeglied nicht zu wichtig zu nehmen, dich aber auch nicht zu unterschätzen?

Wie zutreffend ist Vers 26 als Beschreibung deiner Gemeinde? Entspricht das deiner eigenen Haltung gegenüber den Geschwistern in der Gemeinde?

→ ***Ab in die Praxis:***

Die drei Zutaten für eine wachsende Gemeinde sind also: Einheit, Dienst und Reife.

12. Wie trägst du als Einzelner/tragt ihr als Gruppe dazu bei (oder wie könntet ihr dazu beitragen), dass …

… die Einheit gewahrt und gefördert wird?

… Gemeindeglieder sich mit Diensten einbringen?

… ihr an Reife zunehmt, indem ihr *»wahrhaftig … in der Liebe«* seid?

Ganz persönlich:

Gehst du in die Gemeinde mit der Erwartung, bedient zu werden oder anderen zu dienen? Betrachtest du deine Fähigkeiten und Gaben als etwas, das du dir selbst erarbeitet hast, um dich daran zu erfreuen, oder als etwas, das dir Christus zur Förderung der Gemeinde gegeben hat?

Inwiefern lässt du dich von diesem Abschnitt begeistern, aber auch herausfordern, als Glied deiner Gemeinde deine Gaben aufopferungsvoll einzubringen? Zu welchen praktischen Veränderungen ruft dich der Heilige Geist auf?

↑ ***Zum Beten:***

Betet für eure Gemeindeleitung, dass sie eure Gemeinde zum Werk des Dienstes zurüstet. Und betet für die Dienste, die ihr selbst ausübt bzw. in Erwägung zieht.

EPHESER 4,17–5,20

—

6. CHRISTEN SIND KEINE CHAMÄLEONS

Was wir bisher gesehen haben ...

Gott hat geistlich tote Sünder wie uns für immer lebendig gemacht. Wir sind durch seine Gnade versöhnt, und seine Gnade versöhnt uns auch miteinander in seiner Gemeinde.

Jede Gemeinde ist eine Trophäensammlung, die für die geistliche Welt Gottes Gnade und Weisheit sichtbar macht – die Gnade und Weisheit, Menschen aus den verschiedensten Hintergründen in Christus zu versöhnen.

Gott möchte seine Gemeinden zum Wachsen bringen, indem wir (1) unsere Einheit bewahren, (2) uns am Dienst beteiligen und (3) an Reife zunehmen, weil wir einander die Wahrheit des Evangeliums in Liebe zusprechen.

↳ *Einstieg*

Chamäleons sind eine spannende Echsenart. Diese Tiere können sich äußerlich an ihre Umgebung anpassen, um sich zu tarnen und zu schützen.

1. Inwiefern leben Christen manchmal als geistliche Chamäleons?

Warum leben Christen manchmal als geistliche Chamäleons?

Wie können wir wissen, ob *wir* als geistliche Chamäleons leben?

↓ ***Was steht da?***

○ Lest Epheser 4, 17–5, 2.

2. Was meint Paulus mit einem Leben, *»wie [es] die Heiden leben«* (V. 17–19)?

3. Welchen Unterschied macht die Bekehrung in unserem Leben (V. 20–24)?

Worterklärungen

Heiden (V. 17):
hier: Nichtchristen.
Nichtigkeit (V. 17):
Sinnlosigkeit.
Ausschweifung (V. 19):
sinnliches Vergnügen.
Wahre Gerechtigkeit und Heiligkeit (V. 24):
hier: immer das Richtige zu tun und in Reinheit zu leben.
Faul (V. 29):
unnütz, derb, taktlos.
Versiegelt (V. 30):
garantiert Gottes Eigentum (siehe 1, 13–14).
Tag der Erlösung (V. 30):
der Tag, an dem Jesus wiederkommt.
Lieblich (5, 2):
hier: wohlgefällig.

4. Welche Unterschiede zwischen dem Leben des »alten Menschen« und dem des »neuen Menschen« nennt Paulus in den Versen 25–32?

5. Wer ist unser großes Vorbild für ein solches Leben (4,32–5,2)?

→ ***Ab in die Praxis:***

6. Warum sehen wir die *»Heiden«* oft nicht in gleicher Weise, wie Paulus sie sieht?

   Wenn wir hier wie Paulus denken würden – wie würde sich das auf unser Streben nach Heiligung und auf unsere Bereitschaft zu evangelisieren auswirken?

7. Welche zwei Unterschiede zwischen dem alten und dem neuen Menschen (Frage 4) sind in eurer Kultur am herausforderndsten? Wie sähe in diesen Bereichen ein Chamäleon-Dasein aus? Und wie könnt ihr euch gegenseitig ermutigen, in diesen Bereichen christusgemäß zu leben?

Ganz persönlich:

Was musst du ablegen? Und was musst du anziehen? Welche Veränderungen sind dafür nötig?

Bitte Gott, deine Gesinnung zu erneuern und dir zu helfen, dich zu verändern, sodass du nicht mehr wie ein Chamäleon lebst, d. h. der Kultur um dich herum entsprechend, sondern wie ein Christ – dem Christus entsprechend, der in seiner großen Liebe für uns gestorben ist.

↓ *Was steht da?*

Als Nächstes spricht Paulus einen Bereich an, in dem Christen im Westen besonders unter Druck stehen, ihren Glauben zu kompromittieren und sich als Chamäleons anzupassen: Sexualität.

○ Lest Epheser 5,1–20.

8. Was bedeutet es, *»in der Liebe«* zu wandeln (V. 2)?

Worterklärungen

Loses Reden (V. 4):
über Sex auf derbe Weise reden oder Witze über Unmoral machen.
Götzendiener (V. 5):
jemand, der etwas Geschaffenes als Gott anbetet.

9. Wovon soll in Gottes heiligem Volk nicht einmal die Rede sein (V. 3–4)?

10. Wie unterstreicht Paulus die Ernsthaftigkeit dieser Anweisungen in den Versen 3–7?

↓↓ ***Tiefer schürfen***

○ Lest Epheser 5, 8–14 nochmal.
Mit welchem Bild beschreibt Paulus hier den Unterschied, den die Bekehrung macht?

Was sollte ein Christ tun? Und was nicht (V. 10–11)?

Warum ist es Wandel in Liebe, wenn ein Christ nicht nur *»keine Gemeinschaft«* (SLT) mit der Sünde hat, sondern sie sogar aufdeckt, indem er erkennbar anders lebt?

---

11. Was sollen Christen außerdem nicht tun?
Was sollen sie stattdessen tun? (V. 18)

Was sind Anzeichen, dass jemand vom Geist erfüllt ist (V. 19 – siehe auch Kol 3, 16–17)?

→ ***Ab in die Praxis:***

12. Wie könnt ihr als Gemeinde den Anweisungen aus den Versen 3–4 mehr gehorchen?

Wie könnt ihr aktiv danach trachten, andere so zu lieben, wie Christus sie liebt (V. 2), und nicht, wie die Welt sie liebt?

Ganz persönlich:

Bibelgläubige Christen haben oft den Ruf, gegen bestimmte Dinge zu sein. Leider fehlt meist auf der anderen Seite der Ruf, anderen gegenüber gnädig und großzügig zu sein ...
Könnte das in gewisser Weise auch auf dich zutreffen? Wie kannst du so leben, dass die Menschen merken, dass du sie liebst, während sie gleichzeitig aber auch sehen, dass du anders lebst (auch wenn dein Verhalten nicht im Trend liegt)?
Bete um Kraft, Jesus ähnlicher zu werden – er war nicht nur ohne Sünde, sondern auch voller Freundlichkeit, sogar gegenüber seinen Feinden.

↑ ***Zum Beten:***

Dankt Gott dafür, dass er euch zu einem *»Licht in dem Herrn«* gemacht hat – mit neuer, christusgemäßer »Kleidung«. Dankt Gott für die Situationen, in denen ihr einander schon als »neue Menschen« wahrgenommen habt.
Tauscht euch über die Situationen aus, in denen es euch schwerfällt, für Christus zu leben, und woran das liegt. Teilt einander mit, wie die Gruppe dafür beten kann, dass Gott dich erneuert und verändert. Betet dann gemeinsam für diese Anliegen.

EPHESER 5,21–6,9

—

7. ZU HAUSE UND AUF DER ARBEIT

Was wir bisher gesehen haben …
Jede Gemeinde ist eine Trophäensammlung, die für die geistliche Welt Gottes Gnade und Weisheit sichtbar macht – die Gnade und Weisheit, Menschen aus den verschiedensten Hintergründen in Christus zu versöhnen.
Gott möchte seine Gemeinden zum Wachsen bringen, indem wir (1) unsere Einheit bewahren, (2) uns am Dienst beteiligen und (3) an Reife zunehmen, weil wir einander die Wahrheit des Evangeliums in Liebe zusprechen.
Wir müssen unsere weltliche Lebensweise ablegen und eine christusgemäße Haltung der Liebe anziehen, die der Liebe Christi zu uns entspricht. Wir sollen nicht in der Finsternis von sexueller Unmoral oder Trunkenheit leben, sondern als Kinder des Lichts, vom Geist erfüllt und Gott dankbar.

↳ ***Einstieg***

1. Welche Antworten würde man bekommen, wenn man hundert Leute fragen würde:
   - Worum geht es in der Ehe?

- Was ist der wichtigste Aspekt in der Erziehung?

- Warum gehst du arbeiten?

- Wie würdest du selbst diese Fragen (ehrlich!) beantworten?

↓ ***Was steht da?***

Die Einleitung und zugleich Zusammenfassung dieses Abschnitts lesen wir in Vers 21: *»Ordnet euch einander unter in der Furcht Christi«*. Unterordnen bedeutet, sich unter jemandes Autorität zu beugen. Das kann nicht meinen, dass alle Christen sich einander unterordnen sollen (das wäre nicht umsetzbar). Nein, Paulus zeigt uns drei Bereiche auf, in denen Christen innerhalb der jeweiligen Gegebenheiten zur Unterordnung aufgerufen sind – und andere Christen dazu, als übergeordnete Autorität zu leiten. Jede Anweisung wird vom Evangelium her erklärt. Deshalb ist das Evangelium auch die Motivation, sie umzusetzen.

○ Lest Epheser 5,21–33.

2. Was soll eine Ehefrau im Kontext der Ehe tun (V. 22)?

Worterklärungen

Furcht (V. 21): tiefer Respekt.
Herrlich (V. 27): wunderschön, prachtvoll.

Wer ist ihr Vorbild (V. 24)? Inwiefern wird dadurch klarer, was Paulus meint (und nicht meint)?

Es ist wichtig, an dieser Stelle aus biblischer Sicht zu präzisieren, was mit »Unterordnung« gemeint ist und was nicht:

- Unterordnung geschieht immer unter der Voraussetzung des Gehorsams gegen Gott – wenn also ein Ehemann von seiner Frau fordert, Christus ungehorsam zu sein, soll sie sich ihm nicht unterordnen.
- Unterordnung ist nicht gedankenlos – es geht nicht darum, keine eigene Meinung zu haben oder sie nicht äußern zu dürfen (siehe Jesus im Garten Gethsemane in Mk 14,35–36).
- Bei Unterordnung geht es nicht um Fähigkeit oder Wert – Männer und Frauen sind gleichermaßen im Bilde Gottes geschaffen (vgl. 1 Mose 1,28). Eine andere Rolle zu haben bedeutet nicht, mehr oder weniger wert zu sein (dementsprechend liebt Gott Pastoren nicht mehr als Gemeindeglieder und Geschäftsführer nicht mehr als Putzkräfte).

---

3. Nun würden wir vielleicht mit einem Auftrag an den Ehemann rechnen, gegenüber seiner Frau die Leitung zu übernehmen. Doch wozu fordert Paulus ihn auf (V. 25)?

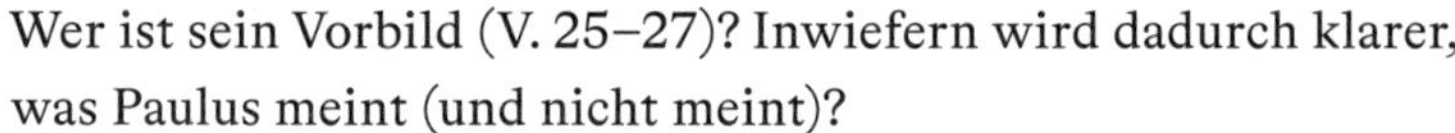

Wer ist sein Vorbild (V. 25–27)? Inwiefern wird dadurch klarer, was Paulus meint (und nicht meint)?

Warum sollte es möglich sein, dass sich eine Ehefrau gerne einem Ehemann unterordnet, der so liebt und leitet?

4. Wovon redet Paulus in Vers 31? Worum geht es laut Vers 32 dabei eigentlich?

Wie hilft uns das, die Ehe zwischen Mann und Frau nicht geringzuschätzen, sie aber auch nicht zu überhöhen?

→ ***Ab in die Praxis:***

5. Wie wirken diese Worte Gottes über die Ehe wohl auf die Gesellschaft, in der ihr lebt?

Wie helfen euch diese Verse, Gottes Sicht auf die Ehe als positiv, hilfreich und weise zu erkennen und weiterzugeben?

6. Wie könnt ihr als Gemeinde die Ehe als das feiern, was sie ist – ohne sie als etwas zu vergöttern, das sie nicht ist?

Ganz persönlich:

Die Ehe ist ein zentraler Bestandteil des Bildes, das deine Gemeinde der geistlichen und der physischen Welt vorlebt – ein Bild der Vereinigung von Christus und seiner Gemeinde.
Wenn du verheiratet bist: Wie motiviert und hilft dir das, deine von Gott gegebene Rolle als Ehemann oder Ehefrau auszuleben? Muss sich irgendetwas ändern?
Wenn du nicht verheiratet bist: Wie verändert die Erkenntnis, dass wir alle einmal freudig mit Christus vereint sein werden, deine Sicht auf dein Singlesein und deine Sicht auf Christi Liebe zu dir?

↓ ***Was steht da?***

○ Lest Epheser 6,1–4.

7. Was sollen Kinder, die noch zu Hause leben, tun (V. 1)?

Wie könnte die Umsetzung von Vers 2 für erwachsene Kinder aussehen?

8. Was sollen Väter (und Mütter als Unterstützung – oder an seiner Stelle, falls der Vater nicht anwesend ist) tun bzw. nicht tun (V. 4)?

→ ***Ab in die Praxis:***

9. Wie können Eltern es zur Priorität machen, ihre Kinder *»in der Zucht und Ermahnung des Herrn«* zu erziehen? Wie kann die Gemeinde dabei helfen?

↓ ***Was steht da?***

○ Lest Epheser 6,5–9.

Paulus spricht gemäß der damaligen Situation Sklaven und ihre Herren an – trotzdem stecken in seinen Prinzipien einige wertvolle Lektionen für unser heutiges Arbeitsleben.

10. Mit welcher Motivation sollen wir als Angestellte unsere Arbeit gewissenhaft erledigen?
Was sollte nicht unsere Motivation sein (V. 5–8)?

11. Was sollen Chefs bedenken (V. 9)?

Wie wird sich das auf ihren Umgang mit ihren Mitarbeitern auswirken?

↓↓ ***Tiefer schürfen***

○ Lest Markus 10,42–45.

Wie erklärt Jesus den Unterschied zwischen einer Autorität, wie sie die Welt ausübt, und einer Autorität, wie Bürger seines Reichs sie ausüben?

→ ***Ab in die Praxis:***

12. Gott hat darin triumphiert, sein Volk zu erretten und zu verändern. Wie können Christen das laut Paulus von Montag bis Samstag zeigen?

Überlegt, wie ihr euch gegenseitig in den drei Beziehungsfeldern *Mann – Frau*, *Eltern – Kind*, *Chef – Mitarbeiter* unterstützen könnt. Versucht, konkret und praktisch zu sein.

↑ ***Zum Beten:***
Betet miteinander für das, was ihr bei Frage 12 besprochen habt.

EPHESER 6,10–24

—

8. GEISTLICHER KAMPF

Was wir bisher gesehen haben ...

Gott möchte seine Gemeinden zum Wachsen bringen, indem wir (1) unsere Einheit bewahren, (2) uns am Dienst beteiligen und (3) an Reife zunehmen, weil wir einander die Wahrheit des Evangeliums in Liebe zusprechen.

Wir müssen unsere weltliche Lebensweise ablegen und eine christusgemäße Haltung der Liebe anziehen, die der Liebe Christi zu uns entspricht. Wir sollen nicht in der Finsternis von sexueller Unmoral oder Trunkenheit leben, sondern als Kinder des Lichts, vom Geist erfüllt und Gott dankbar.

Wir sind aufgerufen, Christi Sieg und Liebe jeden Tag in unserer Ehe, Familie und an unserem Arbeitsplatz auszustrahlen – sowohl darin, wie wir leiten, als auch darin, wie wir uns unterordnen.

↳ ***Einstieg***

1. Woran denkt ihr, wenn ihr den Begriff »geistlicher Kampf« hört?

↓ *Was steht da?*

○ Lest Epheser 6,10–20.

2. Wozu fordert Paulus uns auf (V. 10)?

Worterklärungen

Mächtige, Gewaltige, Herren (V. 12): geistliche Wesen.
Der böse Tag (V. 13):
Zeiten, in denen Christen geistlich angegriffen werden.
Bote (V. 20):
Botschafter, Repräsentant.

3. Auf welche Weise sollen wir das tun (V. 11)?

4. Warum müssen wir das tun (V. 11–12)?

Paulus beginnt Vers 10 mit dem Wort *»Zuletzt«*, weil dieser Abschnitt alles andere als ein spontaner Nebengedanke oder ein separater Nachtrag ist. Er ist der herrliche Höhepunkt des Epheserbriefs – und dabei geht es um geistlichen Kampf. Jeder Christ befindet sich in diesem Kampf und muss darin standhaft bleiben.

↓ ↓ *Tiefer schürfen*

○ Lest Offenbarung 12,9.12; Johannes 8,44; 1. Petrus 5,8.
Was sagen uns diese Verse über den Teufel und seine Ziele?

○ Lest Lukas 11,14–22; Kolosser 2,13–15; 1. Johannes 3,8.
Was hat Jesus laut diesen Versen mit dem Teufel gemacht?

○ Lest Offenbarung 20,7–10.
Was wird eines Tages mit dem Teufel passieren?

→ ***Ab in die Praxis:***

Es ist einfach, den Teufel nicht ernst genug zu nehmen (wie die westliche Welt es oft tut) – oder aber, ihn *zu* ernst zu nehmen.

5. Wozu neigst du eher? Wozu eure Gemeinde? Welche Gefahren bringt das mit sich?

Wir haben in dieser Einheit schon mehrere wichtige Wahrheiten gesehen. Welche davon solltest du dir am dringendsten regelmäßig ins Gedächtnis rufen?

↓ ***Was steht da?***

6. Wie sieht ein Sieg in diesem geistlichen Kampf aus (V. 13–14)?

Ganz persönlich:
Wie hat sich deine Sicht auf den geistlichen Kampf und deinen Part darin durch das Durchdenken dieser Verse verändert? Welchen Unterschied könnte es in deinem Kampf gegen Versuchungen machen, wenn du dir bewusst machst, ...

- dass du jeden Tag in einem geistlichen Kampf stehst,
- wer dein Feind ist,
- wie ein Sieg aussieht
- und wie man siegreich sein kann?

7. Seht euch die Rüstung in den Versen 14–17 genauer an. Paulus gibt uns hier keine Liste mit Handlungsanweisungen. Unter welchem Oberbegriff könnte man die verschiedenen Teile auf einen Nenner bringen?

Dies ist die Rüstung, die Jesus selbst getragen hat, als er den Versuchungen Satans (vgl. Mt 4,1–11) widerstand und ihn am Kreuz vollständig besiegte. Paulus illustriert hier die Rüstung anhand der Ausstattung eines römischen Fußsoldaten. Sie findet im Glauben und im Werk unseres Herrn Jesus ihre Erfüllung.

8. Wie kann man sich das »Tragen« dieser Rüstung vorstellen? Denkt darüber nach, wie uns jeder Teil der Rüstung gegen die verschiedenen Angriffe bzw. Lügen des Teufels hilft.

9. Welches ist das letzte Element der Rüstung, das Paulus nennt (V. 18)? Warum ist es eine so schlagkräftige Waffe (siehe 1,19b–22; 3,20–21)?

Warum bittet Paulus um diese Art von Gebet (V. 19–20)? Warum ist er in seiner Situation besonders darauf angewiesen, dass dafür gebetet wird?

Ganz persönlich:
Wie oder wann wirst du regelmäßig versucht und fällst auch manchmal? Welche Wahrheit (oder welchen Teil der Rüstung) »trägst« du in solchen Situationen nicht? Was würde sich ändern, wenn du sie beim nächsten Mal bewusst »tragen« würdest? Sei es, dass du den Lügen des Teufels standhaft widerstehst, sei es, dass es dir nicht gelingt – wie bannt Christi Sieg am Kreuz deine Angst und wie tröstet er dich?

○ Lest Epheser 6,21–24.

10. Paulus verwendet in seinem Briefschluss drei Wörter, die das zusammenfassen, was wir in diesem Brief über Gott gelernt haben. Inwiefern bringen sie das Gesagte gut auf den Punkt?
    - Friede (V. 23)

• Liebe (V. 23)

• Gnade (V. 24)

→ ***Ab in die Praxis:***

11. Inwiefern gehört unser Gebet für die Verbreitung des Evangeliums zum Plan Gottes für die Welt?

Wie könnt ihr euch gegenseitig ermutigen, gemäß den Versen 18–19 für andere zu beten – als Gruppe und als Gemeinde?

12. Wir sehen im Epheserbrief Gottes Siegesplan, alles unter dem auferstandenen Christus zu vereinen – was in seinen Gemeinden jetzt schon sichtbar wird. Wie hat das eure Sicht auf folgende Dinge verändert?

• den Zweck der Ortsgemeinde

- wie sicher ihr vor Satans Angriffen seid

- wie herrlich Evangelisation ist

↑ ***Zum Beten:***

Lobt Gott für den Frieden, die Liebe und die Gnade, die ihr empfangen habt. Tauscht einige Gebetsanliegen aus. Überlegt dann für jedes Anliegen, welche Worte von Paulus aus dem Epheserbrief euch hier zeigen, wie und was ihr beten sollt.

Die Deutsche Nationalbibliothek verzeichnet diese Publikation in der Deutschen Nationalbibliographie; detaillierte bibliographische Daten sind im Internet über dnb.de abrufbar.

Titel des englischen Originals:
Ephesians: Your place in God's plan
© 2015 by Richard Coekin
Published by The Good Book Company

Wenn nicht anders angegeben, wurde folgende Bibelübersetzung verwendet:
Lutherbibel, revidiert 2017, © 2016 Deutsche Bibelgesellschaft, Stuttgart.

Ansonsten wurde folgende Übersetzung mit freundlicher Genehmigung des Verlages wiedergegeben:

Bibeltext der Schlachter, © 2000 Genfer Bibelgesellschaft.

© 2023 Verbum Medien gGmbH, Bad Oeynhausen
www.verbum-medien.de
info@verbum-medien.de

Übersetzung:
Jotham Booker
Lektorat:
Tanja Bittner
Buchgestaltung und Satz:
Samuel Hinterholzer
Druck und Bindung:
Finidr

1. Auflage 2023
Best.-Nr. 8652 066
ISBN 978-3-98665-066-7

Solltest du Fehler in diesem Buch entdecken, würden wir uns über einen kurzen Hinweis an fehler@verbum-medien.de freuen.

Evangelium 21

Zu Evangelium21 gehören Christen aus verschiedenen Kirchen und Gemeinden, die ihren Glauben fest auf Jesus Christus gründen. Ausgerichtet auf die von den Reformatoren wiederentdeckten Wahrheiten – *Gnade allein, Glaube allein, die Schrift allein, Christus allein und zu Gottes Ehre allein* – setzt Evangelium21 Impulse, durch die Gemeinden gestärkt werden.

Als Anlaufstelle für Gleichgesinnte und Interessierte empfehlen wir Kontakte und Ressourcen. Die von uns angebotenen Materialen und Veranstaltungen betonen die Zentralität des Evangeliums für den Gemeindealltag und für das gesamte Leben.

evangelium21.net

www.verbum-medien.de